# Gedichte vom Ankommen

Von T.D.Kubitz

1. Auflage 2025


Verlag: BoD · Books on Demand GmbH, Überseering 33,
22297 Hamburg, bod@bod.de
Druck: Libri Plureos GmbH, Friedensallee 273,
22763 Hamburg
ISBN: 978-3-8192-2535-2

**Hallo, wiederkehrender und willkommener neuer Leser!**

Seit meinem letzten Buch ist einige Zeit vergangen – Krisen kamen und gingen, Menschen traten in mein Leben und verließen es wieder. Heute geht es mir deutlich besser als damals. Dennoch wurde auch dieses Werk von zwei altbekannten Kräften begleitet: fehlender Zeit und einem Hang zur Prokrastination.
Umso mehr freue ich mich, nun mein drittes Werk präsentieren zu können: *Gedichte vom Ankommen*. Der Titel entstand, als ich mein letztes Buch erneut las und mich an mein damaliges Selbst erinnerte – verunsichert, suchend, in der Rolle eines Erwachsenen, ohne recht zu wissen, warum.
Heute verstehe ich vieles klarer – auch dank meiner geografischen und persönlichen Entwicklung. Das letzte Buch entstand kurz nach meinem Umzug nach Leipzig. Damals war ich neu und wenig eingebunden. Inzwischen bin ich angekommen: in der Stadt und ein Stück weit auch in mir selbst.
In diesem Band finden sich neben klassischen Gedichten auch Sonderformen wie Limericks und meine Lieblingsform – die Dreiwortgedichte. Mein Dank gilt dir, Leser, und meinem Umfeld, das meine innere Welt so annimmt, wie sie ist.
**T.D. Kubitz**

# Inhalt


Bar am Mittwoch..............5

Das entölte Rad..............6

Die Dachdecker...............7

Die Sonnenblume steht an der Autobahn .................8

Die Süßtafel ...................9

Guten Morgen Liebe Ferne ............................ 10

Heimatregionen............. 11

Heimweh .................... 12

Kommunikation............. 14

Limmerick Nachtarbeit... 15

Limmerick Nachtarbeit 2 16

Limmerick Fernbeziehung ............................ 17

Limmerick Reudnitzkaufland .......... 18

Limmerick vom Hund....... 19

Quaterlifecrises............. 20

Silvesterhimmel............ 21

Sommerregen................ 22

Sommerregen 2 ............ 23

Kurier Akrostichon ......... 24

Partnerstille ................ 25

Hallo Leipzig ................ 26

Die Zugezogenen............ 27

Leutzsch ...................... 28

Schleußig ..................... 29

Unterm Dach.................. 30

Bär – Physiologus .......... 31

Erwachsene Freunde...... 32

Fahrradtour Zwiebel....... 33

Uhren Dreier ................. 34

Bass Dreier .................. 35

Wasser Dreier ............... 36

Taube 3x3x3.................. 37

Erholung...................... 38

Sachsenbrücke.............. 39

Gummibären ................. 40

Die Halden.................... 41

Karten-Apps ................. 42

Menschenmassen........... 43

Gemeinsam................... 44

Wie willst du Wohnen ..... 45

Oma Elli ...................... 46

Distanzliebe ................. 47

Die -ast Reise ................ 48

Ankommen ................... 50

Bar am Mittwoch


Ich höre diese Billard-Kugeln klickern
An einem Tisch mit Tags und Stickern
Der Boden wurde lang nicht gebeizt
Doch hier tobt Leben und die Leute
Und Davon möchte ich Teil sein Heute
Was hat mich daran bloß gereizt?

Diese Bar ist mittwochs gut Besucht
Meine Entscheidung hatte ich verflucht
Dafür war die Begleitung aber ganz fein
Zum Reden ist es hier aber schlecht
Darum war mir auch das gehen recht
Denn da draußen kann ich frei sein

Das entölte Rad


Weit entfernt da steht ein tolles Rad
Es ist entölt, störrisch und fährt langsam
Und zeigt sich stolz glänzend ohne Scham
Zart und Robust! Es schafft den Spagat

Es fasziniert und bezaubert mich, dieses Rad
Seine Kette hat mich gebissen, wenn auch kurz
Ein Sammler möchte ich werden nach dem Sturz
Denn mit den Macken ist es ein Rad mit Format

Ja, Ich mag dieses kleine, schöne Rad
Das häufig an der Wand ist aufgehängt
Besser, als mit allen Rädern eingezwängt
Denn es ist besonders, ein wahres Unikat

# Die Dachdecker

Die Gerüste sind Stabil und bekannt
Da schleppt man hoch und hinunter
Oben Dachdecker in ganz rotgebrannt
Reißen Pappe ab, Musik spielt munter

Der Azubi kehrt unten alte Nägel auf
Gesellen meckern, schwitzen und reißen
Der Klempner bastelt einen Wasserlauf
Und einer ist immer weg zum scheißen

Trotzdem geht die Arbeit stets voran
Bauschutt wird abgeholt und bewegt
Da darf man staunen was man kann
Und auf das neue Dach wird aufgelegt

Die Sonnenblume steht an der Autobahn

Die Sonnenblume steht an der Autobahn

Dort wächst Sie auf kargen Boden zur Sonne
Neben einem Rastplatz mit Toilette und Tonne

Die Sonnenblume steht an der Autobahn

Neben ihr rollen müde LKW und versorgen die Welt
Nichts kauft man Lokal, Konsum, es wird bestellt

Die Sonnenblume steht an der Autobahn

Ein typischer Stau erzeugt unnötig viel Frust, Ruß und Gas
Doch ein angeschnalltes Baby sieht die Blume und hat Spaß

Die Sonnenblume steht an der Autobahn

Und egal was auch passiert, ob man die mäht oder nicht
Die Sonnenblume schaut zur Sonne, sie sieht nur Licht

# Die Süßtafel

Die Süßtafel da am Fenster
Die liegt dort schon seit ewig
Wer die heute isst wird seelig

Die Süßtafel dort am Fenster
War auch mal lesbar beschriftet
Dank UV-Strahlen bald vernichtet

Die Süßtafel dort am Fenster
Die ist schon etwas antiquiert
Ob das ein Kind wohl kapiert?

Die Süßtafel dort am Fenster
kennt schon 7 Generationen Fliegen
und wird noch 7 weitere liegen
Die Kennt noch DDR-Gespenster

Guten Morgen Liebe Ferne

Guten Morgen Liebe Ferne,
die du dort in der Weite stehst
grüß mir da die Abendsterne
von der Nacht, die dort vergeht

Guten Morgen Fremder Zauber
Mit deinem fernen schönen sein
Wischt mir meine Augen sauber
verzauberst mich noch obendrein

Guten Morgen leise Sehnsucht
Von einem Verlangen ganz still
Verlangen kennt keine Ausflucht
Nun weiß ich endlich was ich will

Heimatregionen

In den leeren Schaufensterscheiben
Spiegelt sich heute ein leeres Gesicht
Auf den alten, weiten LPG-Weiden
Fällt heute Klimawandel ins Gewicht
Fort- und Rückschritt macht nicht halt
Gerade im Osten, wo Stagnation galt

Aus Innenstädten verschwinden Läden
Nur Spielos machen heute noch auf
Industrieller Rückbau zieht weite Fäden
Vorbei die Euphorie, vorbei Bau – Auf
Die Jugend verschwindet in Metropolen
Denn im Osten gibt es nichts zu holen

Wer studieren will, kommt nicht wieder
Meine Freunde, ich, sind fast alle gegangen
Jetzt klingen dort neue Parolen und Lieder
Und die Leute werden idiologisch gefangen
Wird sich hier rein noch Investieren lohnen?
- In langsam Sterbende Heimatregionen?

Heimweh

**[Strophe 1]**
Die schwarze Laterne flackert kalt,
mein Koffer stand schon lang bereit.
Neonsterne in der Ferne,
doch mein Ticket war Vergangenheit.
Ich war zu stolz, zu wild, zu frei,
die Nahrung lag mir quer im Bauch.
Hab nicht bedacht – oh weh, oh nein –
dass ich den letzten Halt versauch'.
**[Pre-Refrain](vllt alle in Band zusammen?)**
Und so ging ich los, gefüllt, allein,
den Bahnsteg runter, im Dämmernschein...
**[Refrain]**
Heimweh, nach Keramik und Licht,
nach Fliesen, die sprechen: „Du fehlst uns nicht!"
Nach einem Ort, der leise bleibt,
wo keiner fragt, was in dir schreit.
Oh Heim-Toilette, du Paradies,
wo Porzellan die Sorgen zerfließt...
hätt ich dich nur vorher erreicht -------
**[Strophe 2]**
Ein Duft, der alles übertraf,
stieg auf im Takt zu meinem Schritt.
Der Ekel saß mir im Gesicht,
mein Stolz? Der zog sich still zurück!
Und in den warmen Stoffgefilden,
da sehnte ich mich seltsam sehr
nach Heim und Fliesen mit Motiven –
von Möwen, Sand und sanftem Meer.
**[Pre-Refrain 2] (vllt alle in Band zusammen?)**
Wo niemand horcht, kein Ton verrät,
wann meine innre Brandung geht...

**[Refrain]**
Heimweh, nach Keramik und Licht,
nach Fliesen, die sprechen: „Du fehlst uns nicht!"
Nach einem Ort, der leise bleibt,
wo keiner fragt, was in dir schreit.
Oh Heim-Toilette, du Paradies,
wo Porzellan die Sorgen zerfließt…
hätt ich dich nur vorher erreicht –––––
**[Bridge]**
So steh ich nun, beschämt und stumm,
im Dämmerlicht am Bahnsteigrand.
Und träum von weißen Kachelwänden
und einer Spülung, stark wie Brand.
**[Letzter Refrain – langsam & emotional]**
Heimweh, nach Keramik und Licht,
nach Stille, die mich nicht zerbricht.
Ein Raum für mich, ganz ohne Macht,
wo ich nicht… in die Hose gemacht.

# Kommunikation

Unsere Sprache lebt und wird gesprochen
Sie hallt überall und hinterlässt die Spuren
Es werden mit ihren Konventionen gebrochen
Sie wird genutzt und genommen wie Huren

Man könnte daher fälschlich sicher vermuten
Dass ein jeder Sie gut kennt und gebraucht
Wie jämmerlich wird das reine Herz da bluten
Wenn man eben nicht das Wort missbraucht

Sprich aus, was dir schwer auf den Herzen liegt
Niemand kann deinen wirklich Kummer erraten
Nur der, der über falsche Schüchternheit siegt
Kann frei sein: Glück, Sorge und Leid verraten

Sprich aus, was du glaubst gehört zu haben
Kam es nicht im Vertrauen, aber ist relevant
Teile Infos, sprich und zeig uns deine Gaben
Nur in dir, da sind Worte allein verdammt

Sprich aus, wenn du als Autorität verlangst
Anweisungen von dir genau Folge zu leisten
Wenn du nicht die Macht der Worte belangst
Kann jeder sich, im Nachhinein, alles erdreisten

Nun sieh, nein Höre! den Ruf der klaren Worte
Kommunikation ist alles, handle daher Schlau
Klare Rede eröffnet auch bei Fremden neue Orte
Und macht aus der Hure „Sprache" eine Edelfrau

Limmerick Nachtarbeit

Ich fahre durch den Park
Da ists an Licht karg
Dann auf der Autobahn
Nachts kann man alleine fahren
Auf den Heimweg beginnt der Tag

Limmerick Nachtarbeit 2

Nachtarbeit ist für viele das Grauen
Aber ich fahre gern nach Plauen
Für diese große und kleine Pakete
Bekomme ich pünktlich meine Knete
Und kann Sonnenaufgänge beschauen

# Limmerick Fernbeziehung

Ich dachte Liebe sei rein
Kann wie ein Märchen sein
Diese Frau hatte ich gern
Doch ich lebte zu fern
Und so war ich wieder allein

# Limmerick Reudnitzkaufland

Zum Millionär mit Dosenpfand
Mit dreckiger Neugier zur Hand
Vermeide Komische Gestalten
Typhus wirst du hier erhalten
In Reudnitz, beim Assikaufland

Limmerick vom Hund

Der Hund steckt voller Fleiß
Verfolgt sein Schwanz im Kreis
Jetzt rennt er andersrum
Man denkt er sei dumm
Doch dafür gibt es kein Beweis

Quaterlifecrises


Wer spät erst sich selbst erkennt
Wird merken wie die Zeit fortrennt
So zu leben wie man wirklich ist
Hat man bis dahin häufig vermisst

Die Angst was zu verpassen war schwer
Und heute bereue ich meine Taten sehr:
Mich selbst für Misserfolg zu bestrafen
Und dadurch mein Leben zu verschlafen

Ich stufte mich sehr tief herunter
Und erkenne da zu spät mitunter
Nicht was mich wirklich verstört
Bis mich mein Innerkind erhört

Erkenne dich besser spät als niemals
Sei die Seele vom Kreis, nicht Ovals

Silvesterhimmel

Zum Himmel flogen die Gesandten
Da hatte ich erneut verstanden:
Dass wir Bürger den Lärm doch lieben
Und mit Ruß auf brennenden Papier
Steht: Meine Umwelt lob ich mir
Mit Feuer in den Himmel geschrieben

Die Furcht vor den Jahresgeistern fehlt
Wir sind von anderen Dämonen gequält
Von Geltungsdrang und schönen Firlefanz
Werden wir geblendet und angetrieben
Gepusht von Influencern, diesen Lieben
Frohes Neues! Ein Hoch auf Arroganz!

Sommerregen

Der kalte Sommer hat heute begonnen
Und es hört nicht mehr auf zu regnen
Am Fenster sehe ich verschwommen
Was war, was mir nicht wird begegnen

Denn du hast es plötzlich beendet
Die Fernbeziehung war dir zu viel
haben uns Nachrichten gesendet
Trotzdem verloren wir das Spiel

Du plantest mit mir noch einen Ausflug
Dabei kam die Entscheidung schon Zug
Und trotzdem hast du mich geküsst

Nun strömt herab der Sommerregen
Und wir stehen auf getrennten Wegen
Ich dachte, wir hätten uns vermisst

Sommerregen 2


Der Sommer ist kalt wie regen
Und ich war wohl zu sehr taub
Weil ich mir selbst nicht glaub`
Dass Amor mir gab den Segen

Die Erde ist kalt und aufgeweicht
Du hast Ferne nicht ausgehalten
Fandest dort doch neue Gestalten
Da hat meine Liebe nicht gereicht

Kommunikation sei dir wichtig
Deine Handlung dazu nichtig
Das finde ich nicht richtig

Kurier Akrostichon

K – ennst du den Mensch hinter Paketen,
    wenn Sie dir entgegentreten?
U – ns sieht man durch die Straßen hasten
    Ungewollt ist verschnaufen, rasten
R – eich wird damit keiner von uns werden
    Höchstens an Belastung sterben
I – rgendwie bestellst du sehr viel
    Die Arbeit hat kein Ende, Ziel
E – insicht hat der Kunde selten
    Nur Prioritäten gelten
R – eihe dich ein, arbeite mit mir
    Zerstöre dich, werde Kurier!

Partnerstille

Damit ich deine Stimme höre,
müssen wir nun leise sein.
Nur schweigend bin ich dein
Sodass ich mit Präsens betöre

Worte sind hier kurz versteckt
Können wir uns so ertragen?
Können wir die Ruhe wagen?
Bis einer Still die Liebe entdeckt?

Diese Fragen sind für eure Partnerschaft
Könnt ihr das nicht, gehört ihr abgeschafft

Hallo Leipzig

Meine Stadt ist sehr einzigartig
Zumindest will es fast jeder sein
buhlen um Follower, um Schein
doch auch kurzer Fame ist flüchtig

Hier leben so viele tolle Individualisten
Mit Mate, Schnauzer, Pueblozigaretten
Unterstreichen sie ihre „Tiefen" Facetten
Wandeln um NPCs, nur Sie Protagonisten

Leipzig entfaltet sich fast jeden Tag vor mir
Hier kann man ohne Arbeit demonstrieren
Während die Eltern ein Konzern regieren
Solche Doppelmoral ist nicht selten hier

Trotzdem hat es zwischen uns gefunkt
Leipzig, mein letzter dicker roter Punkt

Die Zugezogenen


Die Stadt wächst und gedeiht
fast jedes Jahr ein wenig mehr
Meine Freunde, ich, zogen her
Leipzig ist mein Zahn der Zeit

Alle Freunde sind von anderswo
Aber hier wollen wir alle Leben
Nach Karriere, Bildung streben
Einzigartigkeit ist hier Status quo

Nimm dir von Leipzig dein Stück
Egal von wo es dich hierhergezogen
Vielleicht sind die Götter dir gewogen
Wir alle hier suchen nämlich das Glück

Leutzsch

Ein Viertel, wo viele kommen und gehen
Leutzsch, kein Ort nachdem sich Köpfe drehen
Doch trotzdem sieht man hier Läden entstehen
Ein Umzug dahin ist schwer zu verstehen

Aber in Leipzig war das mein erster Ort
Eine kleine Wohnung fanden wir dort
in die Stadt dient die 7 als Transport
und irgendwann zog ich trotzdem fort

Schleußig


Ich lebe hier nun fast am Kanal
Nah am Konsum und Clarapark
Laut Radio sind die Mieten fatal
Dank WG belastet das nicht stark

In Schleußig sind viele Familien
Das macht das Viertel sehr bunt
Aber Platz ist rar in Immobilien
Damit ist an Studenten schwund

Im Altbau leben bald nur Reiche
Schleußig, befreie dich vom Geld
Spekulationsstop wäre eine Weiche
Leider läuft es anders in der Welt

Irgendwann muss ich hier auch verschwinden
Werde ich in Leipzig noch was Bezahlbares finden?

Unterm Dach

Das Leben direkt unterm Dach
Ist im Sommer etwas wärmer
Dafür etwas ruhiger, wenig krach
Die Miete macht mich nicht ärmer

Es ist meist sonnig hier oben
Im Winter dafür häufiger etwas kalt
Bei uns hört man die Vögel toben
Während unten die Tram knallt

Ich liebe diese Schrägen
Nichts ist hier richtig im Lot
Wie Besonderheiten prägen
Bei uns herrscht keine Not

Bär – Physiologus


Warum ist der Bär,
eigentlich so schwer?
Warum meidet er Schnee?
Und fischt Fische am See?

Weil er ein Sünder ist,
weiß der gute alte Christ!
Sünden machen ihn behäbig
Drum wird er selten Seelig


Schnee ist Jungfernrein
er wohl ein Sünder sein
weil er Völlerei so mag
zerfetzt er deine Netze hart

Physiologus:
der Bär ist schon ein armer Knecht,
Doch im Vergleich nicht wirklich schlecht

# Erwachsene Freunde

Als Erwachsener Freunde finden
Es fällt mir immer wirklich schwer
Dabei kommuniziere ich viel zu sehr
Das Problem ist das feste Binden

Außerdem die Phasen im Leben:
gründen Familien, ich bin Student
ob man da dieselben Leute kennt?
daraus können Freunde ergeben

Freunde brauchen mehr Pflege
Stabilität kommt durch Aktivitäten
Da muss man für sich selbst eintreten
Sonst bröckeln Freunde, werden träge

## Fahrradtour Zwiebel

Weißt du die lange Strecke,
von hier bis Prag, irgendwo?
Vielleicht bis zur Karlsbrücke?
Dieser Weg hat manche Tücke
Plane aber mit Hostel und so
Ich schlafe ungern im Drecke

Wir starten bei Morgenschein
mach alles fest, fahr nicht lose
pack auch genügend Wasser ein
bei 300km wird man durstig sein
und denk auch an die kurze Hose
kennst du meinen Zwiebelreim?

# Uhren Dreier

seit dem Abitur
Brauch ich nur
Meine alte Uhr
Die Zeit pur

Ich weiß wieso
Sie lang hält
Dank an Casio
15€ meine Welt

Nicht mehr neu
Aber etwas Zeitlos
Bist du treu
Mein Dank groß

Bass Dreier

Hängt der Bass
An der Wand
Er macht Spaß
In der Hand

Nutze Ihn selten
Dafür aber gern
Musik hat Welten
Entführt mich fern

Dein Hals lang
Der Korpus brummt
Ein tiefer Klang
Die Panik verstummt

Wasser Dreier

Wasser ist Leben
Der Regen gießt
Bäche sich ergeben
Vegetation hier sprießt

Flüsse bringen Frieden
In gestresste Seelen
Benetzen trockene Kehlen

Trockenheit bringt Leid
Überfluss bringt Neid
Heilig den Fluiden

Taube 3x3x3

Meine laute Taube
Auf dem Dach
Macht viel Krach

Wohl kaputte Platte
Fehlt eine Schraube
Die weiße Ratte

Sie gurrt extrem
Und sitzt bequem
Auf der Gaube

(Meine Lieblingstaube)

# Erholung

Wie voll wohl ist dein Teller?
Kommt Überforderung nun?
Verarbeitest du Dinge schneller?
Als es die meisten Andren tun?

Oder brauchst du mehr Zeit?
Zeit für deine Seele allein
Ohne Diskussion und Streit
Um wieder bereit zu sein

Ein Investment ist die Schonung
Das sind keine hohlen Wörter
Sonst beraubst du deinen Körper

Gehe nicht für Stress drauf
Zeit hat ihren eigenen Lauf
Nimm sie dir, nutze Erholung

Sachsenbrücke

Die Brücke spielt Töne
Und ist voller netter Leute
Treffen sich in bunter Meute
Woran ich mich gewöhne

Die Brücke führt eine Straße
Doch die ist nun für Musik
Manchmal gibt's dafür Kritik
Aber die hält sich im Maße

Auch ein Clown macht faxen
Es wird auch demonstriert
Wer hier wie und gut regiert
Auf der Brücke der Sachsen

Gummibären


Da kommt der glitschige Bär!
Kommt ins weiße Joghurtland
Aus tierischer Gelatine ist er
Hat seine Brüder mitgesand

Ein Löffel rührt sie runter
Bärchen ertrinken im Kreis
Das macht alles bunter
Sie verschwinden im weiß

Da ist noch eine letzte Sache
Der Grüne Bär plant es schon
Verschlucken, Bärchenrache!
Von Haribo ein Dankeschön

Die Halden


Macht dir die Kälte Kummer?
Brauchst du etwas zum Heizen?
Das große Schaufelrad hat Hunger
Frisst sich durch Erde und Weizen

Die Stadt braucht Strom
Das Kohlewerk hat Appetit
Narbenlandschaft der Lohn
Ein Dorf aus dem man flieht

Die Seen bleiben heute noch über
Vom immer großen Energiebedarf
Über Halden wachsen Gräser drüber
Über die Erde, die uns unterwarf

## Karten-Apps

Welche Karte benutzt du?
Wenn du Wege wissen willst?
Welcher App hörst du nun zu,
wenn du dein Wissen stillst?

Wer hat gedruckte Karten?
Kauft man sowas noch?
heißt es googlen und warten?
Und zweifeln tu ich doch

Ist Google-Maps ein Monopol?
Denn es nutzt fast jede Person
Ist's damit ein Machtsymbol?
Für Konzerne wie Amazon?

Menschenmassen

Kannst du im tiefen Dunkel stehen,
oder arbeiten an steilen Trassen?
Kannst du diese Angst verstehen?
Bei mir sind es Menschenmassen

Das Gefühl ist erst seit Covid
Von mir ein kleiner Teil geworden
Es folgt mir auf Schritt und Tritt
Die Furcht vor Menschenhorden

Niemand will mir etwas tun
Das ist mir offensichtlich klar
Es fegt über mich dieser Taifun
Eine völlig Surreale Gefahr

Gemeinsam

Gemeinsam einfach sein
Das ist ein großes Gefühl
Mit Freunden und Fremden
Tanzen in nassen Hemden
Am Abend heiß und schwül
Auf dem Markt in Mondschein

Wie willst du Wohnen?
Kann sich das Lohnen?
Ob in der Stadt oder Land
Liegt oft nicht auf der Hand
Denn eben Zwischenräume
Erfüllen auch Lebensräume

Auch Unterscheidet sich das Ideal
Von der Realität ganz Fundamental
Leben spielt auch mit der Zeit
Manche sind erst spät bereit
Für eben eine solche Entscheidung
Verkrieche dich nicht in Vermeidung

Oma Elli

Du warst ein paralleles Wesen
Etwas abseits allgemeiner Realität
Du hattest Probleme zu lesen
Oder wie man Wörter versteht

Du warst für mich sehr kreativ
Erzähltest mir viele Geschichten
Wenn auch nichts geplant verlief
Hattest du viele Zwiebelschichten

Selbstständigkeit war schwer
brauchtest Hilfe von Verwandten
trotzdem bewundere ich dich sehr
Oma Elli, du warst Missverstanden

Distanzliebe


Ich habe meine Familien gerne
Lieben kann ich sie nur mit Ferne
Für Sie entwickle ich mich nicht
bleibe Kind, einfach und schlicht

Dieser Kampf hatte keinen Zweck
Also zog ich fort und bleibe weg
Das gibt der Beziehung Konstanz

Ohne Wurzeln kann keiner Leben
Kann nicht wachsen und streben
Darum Liebe ich auf Distanz

# Die -ast Reise

Das -ast war mal sehr allein
Und wollte etwas zweisam sein
Da spazierte es durch den Wald
Und machte hier und da mal halt

Zuerst hörte es schwere Schritte
Und folgte auf ganz leisen Tritte
Zu einem Haufen großer Steine
Und sah das Kn- an einer Leine

Das Kn- wollte sich mit Ketten binden
Doch Wollte -ast kein Gefängnis erfinden
Und so ging es ganz frei und heiter
Durch den Wald ganz schnell weiter

Da sah es das L- stark beladen
Viele schwere Dinge tragen
Das L-suchte auch nach dem +1
Doch war das dem -ast nicht seins

Auf dem Weg ganz entspannt
Hat das H- es fast umgerannt
H- sucht auch schon eine weile
Ist aber immer sehr in Eile

Ob -ast auch sucht, fragt H- subtil
Doch ständig Druck ist ihm zu viel
Bei der Antwort ist H- schon fort
Und eilt an einem neunen Ort

-ast ist dem ganzen suchen Leid
Und sucht nach Ruhe, Heiterkeit
Da sieht es an einem Lindenbaum
Das R- versunken in einem Traum

H- und R- die sind verwandt
Und so ist -ast gespannt
Was das gute R- nun will
R- blinzelt kurz, doch bleibt still

Da hört man -ast nun fluchen
„was nutzt das ganze suchen?“
Es stützt sich an eine Rinde
„was ist, wenn ich keinen Finde?“

Da hört es ganz verschroben
Ein kichern von weit oben
-ast schaut hinauf zu den Kronen
Und fragt: „wer mag da wohnen?“

„Wir sind viele da hier oben
Und konnten uns nicht verloben
Zusammen im Baum ganz feste
Nennen wir uns alle: Äste!“

Damit stieg -ast hinauf
Und lies der Zeit ihren lauf

Moral:

Lass uns in Freundschaft glücklich sein
Statt in schlechten Ehen schwach und klein

Ankommen


Vor 4 Jahren fühlte ich mich als Kind
Spielte ein Erwachsener zu sein
Jetzt weiß ich was Aufgaben sind
Und fühle mich nicht mehr klein

Es überforderte mich das Leben
Zu viel neues kam hernieder
Ein stetes wackeln und beben
Jetzt, Mitte 20, stehe ich wieder

Die unruhigen Zeiten vergehen
Erste Berge wurden beklommen
„Leben heißt Dinge durchzustehen,
in seiner Persönlichkeit anzukommen."